うっかりさんのトリセツ

生きにくさは才能だ！

著・かわさきなお子
イラスト・佐藤右志

Clover
クローバー出版

はじめに

あなたは、いくつ、当てはまりますか。

頭の中が忙しくて、落ち着かない感じ

□やることがたくさんあって、忙しい
□でも、なかなかやり遂げられない
□思いついたら行動せずにいられない
□だから、落ち着いてゆっくり考えられない
□で、やるべきことを忘れがち

実は困っていること

□ケアレスミスを繰り返す
□大人のわりにケガをする
□待つのが苦手

□忘れ物、失くし物が多い
□で、しょっちゅう捜し物をしている

人との関わりの中で、ついやらかしてしまうこと

□遅刻しがち
□約束をすっぽかす
□話しかけられたのに気づかない
□しゃべりだしたら止まらない
□結局、何を言おうとしていたのか、分からなくなる

我ながら、嫌になること

□決心！　目標！　などの思いが長続きしない
□すぐに部屋が散らかる
□なんだか面倒くさい
□疲れている、眠れない
□ついついダラダラ、二度寝する

あなたは、いくつ当てはまりましたか。
実はこれ、私の日常なのです。

こんにちは、著者のかわさきなお子です。
私は、2022年の春まで37年間、福岡県の北九州市で公立学校の
教員として働いていました。
途中、結婚し出産、
妻として、
3人の娘の母として、
時には子どもたちの学校のPTAの役員として、
時には町内会の会計さんとして、
時には老いた親の娘として、
過ごしていました。

全ての役割（先生、よいお母さん、素敵な妻、視野の広い役員、正確な会計、親孝行な娘）を何とかうまくやりこなそうと必死になっていた私なのですが、

「どうもうまくいかない」

「失敗だらけで凹む」

……。

なんで、私だけが、前述したような数々の「うっかりなやらかし」をしてしまうのだろう、周囲のみんなは、うまくやっているのに……という思いにさいなまれていました。

何とかみんなと歩調を合わせようと、連日、食事や睡眠時間を削って子育てと仕事、それにまつわる様々な雑務をしていました。

そして、２００８年の夏、私は乳がんを発症し、家族４人（８歳・11歳・14歳の娘たちと夫）を置いて、初の入院、手術を体験することにな

ります。
半年の休職。
そのおかげで私は、自分の生きづらさについて多方面から学ぶ時間をもつことができました。
また、自分を客観的に見る余裕が生まれ、どうやら私は、
一点に注力しすぎるところがある
つい「うっかり」を繰り返しているようだ
そんな人は、この世に私ひとりではないらしい
ということに気づいたのです。
その頃から、大人の発達障害と呼ばれるものの中にある
不注意優勢型のADHD（旧ADD）や「グレーゾーン」のことを学び、
その生きづらさについて考えるようになりました。
そして、分かったことが次の6つ。

①やらかしのリピートには、脳科学的なわけがある
②不注意優勢型の人は、少数派だけれど世の中に一定数(2割程度)いる
③本人の怠惰と思われがちである
④そのために自信を失い心身を病み、うつ症状等に見舞われる人もいる
⑤でも、決して「いい加減な性格」の「ダメダメな人」ではない
⑥だから、世の中に広く伝えて理解してもらう必要がある

病気休職という苦い経験ではありましたが、その時間のおかげで私は自分が、

この世の大多数を占める大人たちとは異なる特性をもっていること

それは、

自分が我慢したり努力したりすることでは解決できないということに気づくことができたのです。

更に、この一般的に言う「やらかし」の数々。これらは大多数の「ふつう」の大人たちがやろうとしても、そう簡単にできることではないらしいということ。それを私は、いとも簡単に息をするように日々、やっている……。

それに気づいたとき、これは、才能と呼ぶべきものなのではないか、と考えるようになったのです。

「うっかりという才能」。あなたもいくつか思い当たりますか。

この本のテーマは、

①「うっかりさん」本人が、自分のことを知る

② これでいいのだと安心する
③ 周りの人に分かってもらう

以上です。

どうぞ本書を「うっかりさん」ご本人が手に取ってくださいますように。
そして、あなたから周囲の大切な方々へ、
あるいは周囲の方から大切な「うっかりさん」ご本人へ、
双方の理解を深め広めていく懸け橋としてご活用ください。
さぁ、みんなが活かされて生きる世の中をみんなでつくっていきましょう。

かわさき なお子

この本の使い方

本書では、食や睡眠などの「生活習慣」をはじめ「発達支援教育」「教育心理学」「行動心理学」「脳科学」など専門的な各分野からの情報を交えながら、私が知り得た知識を分かりやすくお伝えしています。

本書の構成は、

Chapter 1「うっかりという才能」について
Chapter 2 ちょっとみんなと違う私たち「うっかりさん」の脳の話
Chapter 3「うっかりという才能」を社会で活かすための対策

この本の使い方

Chapter 4「うっかりという才能」を活かすお助けグッズの紹介
Chapter 5「うっかりさん」が生きやすくなる生活習慣
と、なっています。

各章ごとの最後に、ポイントを短くまとめたページも作りました。
そこから覗いていただくのもアリです。

もくじ

Chapter 2　しあわせな脳にシフトする

Chapter 5　マメな行動、負けないマインド

chapter 1
うっかりという才能

Chapter 1

うっかりという才能

大丈夫、ひとりじゃない

あなたが今、それなりに頑張ってきたつもりだけれど、つい、うっかりやらかしてしまい、
「自分ばかり叱られる」

「呆れられただろうな」

「ダメだなぁ」

と、日々、凹んでいる。

あるいは、

「なぜ、自分だけうまくいかないのだろう」

と悩んでいる、としたら……大丈夫、あなただけではありません。

私が60年間生きてみて、やっと分かったことがあります。

それは、私が出会った「周りのみんな」の中にも、「あ……実は、私も……」とか、「そういえば、うちの息子が……」とかいう人がいるということ。

(私ひとりではない!?)

そう、「うっかりさん」は、決して自分ひとりではなかったのです。

なぜか失敗を繰り返し、日々「何とかしたい」と思い悩んでいる人がいる。そして、それぞれが各々の場でつらい思いを抱えながら、社会の中に人知れず潜んでいるのです。

本書では、あわてんぼうとか、おっちょこちょいとか呼ばれながら、いつもミスを繰り返し、うっかりやらかしてしまう私たちを**「うっかりさん」**と名づけました。

そして「うっかりさん」がもっている「人とは違う特性」を「うっかりという才能」と位置づけ、世の中の人みんなに共通理解していただこうと考えました。

うっかりさん 日常あるある

- 鍵やスマホをよく失くす
- 約束を忘れる
- 遅刻する
- 地図を見ない
- 取扱説明書を読まない
- うろ覚えで動き始める
- 迷子になる
- 鍋を焦がす
- 隙間なく予定を詰め込む
- 机の上がモノだらけ
- 脱いだ衣類が山になる
- ゴミ出しをしない
- カードローンを使いすぎる
- 大事な書類でイージーミスを多発する
- 光熱費等の支払いを後まわし、督促状さえ先送りにする

23ページの表は「うっかりさん」の日常あるあるです。
あなたも思い当たること、ありましたか。

こうした「うっかり」は「てんねん」とも呼ばれます。
「天然」、つまり自然発生的に生まれつき、もって生まれた才能です。これは、「俗にいうしっかり者」の人たちには、とてもまねできない能力なのです。

さあ、これから「うっかりという才能」を5つ確認していきましょう。

知られざる　うっかりという才能

1.「ハマる」

好きなことを始めると時間の感覚がなくなる。好きなことが見つかるとつい、ハマり込んでしまい、息が止まるほど集中できる。食事、排せつ、睡眠など、人が本来生きるために必ずしなくてはならないことさえ忘れて没頭する。

あるある事例

- ストイックに練習をする
- ゲームにハマる
- 創作活動に没入する
- 連日徹夜で仕事をする
- 草むしりで日が暮れる

世間的には

- やりすぎ
過集中と言われる
- メンタルの異常に気づけず心や体を病むことがある
- 体の使いすぎに気づかず疲労骨折、腱鞘炎などの怪我を負う
- 浮世離れした雰囲気を漂わせている

才能として開花したとき

才能1　興味のあることをとことん追求できる研究者

2. 「うごく」

やりたいことがあると、多少の困難はものともせず突き進む。

やりだしてから問題に気づくのでフライングして遠回りする。

やり直しにロスタイムがかかるが、失敗をものともせず、毎度、締め切り直前でのジタバタを繰り返し、独自のやり方で克服する。

ぎりぎりセーフを「やれた」と判断する。

あるある事例

- 興味がないことは、やらない
- こつこつ続けていられない
- 地図を見ずに迷子になる
- 結果が見えないとすぐやめる
- 取扱説明書を読まず勝手に作って部品が余る
- 三日坊主が得意

世間的には

- やらなさすぎ、先延ばし癖があると言われる
- 待てない人、せっかち、あわてんぼう、おっちょこちょい
- 失敗ばかりで修正に時間がかかる使えない人
- 気乗りしないこと（家賃の支払いや光熱費の振り込みなど）が滞る困った人
- だらしない
- 信用できない
- まかせられない

才能として開花したとき

才能2　心の赴くまま行動力がある冒険家

3 「刷新《さっしん》」

ことが終わったとたん、興味が失せてしまう。興味のないものへは意識が向かないので結局忘れる。使った食器、脱いだ靴、不用品、ゴミの全ては、過去のモノ。

既に興味がないので、そのまま見ないことにできてしまう。

あるある事例

- 脱ぎっぱなしの服
- 食べっぱなしの食器
- 使いっぱなしのモノたち、モノがいっぱいに重なっている机
- 督促状を見るのが嫌で開封できず山積みになる
- ぎゅうぎゅう詰めの引き出し
- 消費期限切れの食材で満タンの冷蔵庫
- まだ着るかもしれない洋服
- まだ使えるかもしれない日用品
- まだ食べられるかもしれない食材
- もう少し出るかもしれないシャンプー

世間的には

- 片付けられない人
- 汚《お》部屋の住人
- ぐうたらしている
- 家事を怠けている
- モノに執着している

才能として開花したとき

才能3　今にフォーカスできる革命家

4・「瞬発《しゅんぱつ》」

五感の刺激に対して瞬時に反応する。

今していたことをやめて即、刺激の方へ向かうので、さっきまでしていたことを忘れてしまう。そのため、やりっぱなしのこと、出しっぱなしのモノが散在する状況になる。自分がどこに何を置いたか……など、今より以前のことには興味がなく、記憶にない。

あるある事例

- 声をかけられると、今やっていたことを忘れる
- 無意識のうちに動いているので、自分の行動の記憶がない
- スマホや鍵など毎日使うものを毎朝捜している
- あるはずと思っていたものが、どこにもない。忘れ物が多い
- 書類の変換ミス、書き損じが多い
- 手紙の宛名や住所を間違う
- 簡単な計算や桁を間違う

世間的には

- いつも捜し物をしている人
- 忘れ物が多い人
- 気が散りやすい人
- イージーミスを繰り返す人
- 計画性がない人
- 中途半端の連鎖で、何ひとつ終わらない人

才能として開花したとき

才能4　直感でやれると信じやってみるチャレンジャー

5．「時がゆがむ」

予定を考えたり計画を立てたりするのは好き。

興味関心があることには積極的に関わろうとして、あれも、これも、気になり盛り込む。少しのすき間時間が「もったいない」と感じる。小さなすき間もタスクで埋め尽くし「きっと、できる」と信じている。気がつくと分刻みのアイドルのような予定表になっていることもある。

実際に動き出してから、その無謀さに気づく。その都度反省するが、毎度、真面目に遅刻を繰り返す。

あるある事例

- カレンダーが予定で満タン
- 10分程度の待ち時間をもて余す
- 出勤時刻前の数分間に急に思い立って
  バッグの入れ替えに挑戦したりする
- 出発時刻の見込みが甘く、予定のバスに乗り遅れる
- 確定申告やレポートなどの提出は
  直前までなかなか取りかかれずに期限切れ
- 計画倒れ率が高い
- 知らないうちに疲弊していて体調を崩してから病に気づく

世間的には

- 計画性ゼロ
- 見込みが甘い
- 約束をすっぽかすヤツ
- 信用ならない
- 遅刻魔
- 期限を守らない
  ルーズな人間

才能として開花したとき

才能5　想像力と創造力
想いを形づくるアーティスト

さて、「うっかりという才能」、あなたは、いくつおもちでしたか。
もしかしたら、あなたはまだ、あなたの隠れた才能に気づいていないのかもしれませんね。
あなたは、あなたが世間の目にさらされている姿、たとえば、
忘れんぼうで、
いいかげんな、
あわてんぼうの、
ぐうたらな、
ダメダメさんという他者評価だけを自分だと思っているとしたら、ぜひ、ここから先をしっかり読み進めていただきたいのです。
さあ、ここからは、あなたがもつ「うっかりという才能」の活かし方について、もっと、明らかにしていきましょう！

Chapter 1 ポイント

①「うっかり」は、才能である

② 世の中では欠点とえられがちで、自分ではこの才能に気づけていない

才能1 ハマる 興味のあることをとことん追求し、没頭できる

才能2 うごく 心の赴くまま、行動できる

才能3 刷新 今にフォーカスしていて見えないものは無きに等しい

才能4 瞬発 直感でやれると信じやってみるチャレンジャー

才能5 時がゆがむ 想像力と創造力に富むクリエイター

chapter 2

しあわせな脳に
シフトする

Chapter 2

しあわせな脳にシフトする

キーワードは「楽しむ」

本来、真面目な「うっかりさん」は、「自分がだらしないから、いつまでも寝てしまう」とか、「いい加減な性格だから忘れ物や失敗を繰り返してしまう」というふうに自分を責め、落ち込んでしまいがちです。

でも、安心してください。
これは、あなたのせいではありません。
これは、私たちの脳の特性なのです。

うっかりという才能をもっている私たちは、ダメな人ではなく、ほかの大多数の人たちとは、違う脳の働きをもつ少数派なのだということをまず理解しましょう。

私たちの脳を「失敗だらけのダメダメさん」評価から脱却させて、「楽しく、しあわせ」な脳にシフトしていきましょう。

そう、キーワードは「楽しむ」です。

ごほうび脳内物質「ドーパミン」を出す

脳は楽しいことが好きです。

少しだけ行動してみて、「あっ」という間に終わるということを知ると、私たちは「結構やれる⁉」という自信をもち、「この方が気持ちいい！」と感じます。

これは、ごほうび脳内物質ドーパミンのちからです。

脳がドーパミンというごほうびをもらうと「もっとやりたい」という気持ちが生まれ、ウキウキサクサクことを成し遂げられるようになっているのです。

では、どうやったらドーパミンを出せるのでしょう。

あそび心を育てよう

人から「早くやってよ！」と指示されたり、上から「やりなさい！」と命令を下されたりしたとたん、一気に「やる気」が萎えてしまい、「今やろうと思ってたっ（怒）！」と逆ギレした経験は、ありませんか。

そもそもやる気は、わくわくできるあそび心の中にあります。やっていることそのこと自体が、ただ、ただ、楽しい状態。子どもの頃のあそびのようにとことん夢中になれるアノちから。

アレがどこから湧いてきていたのかを考えていけばいいのです。そうすれば、内側から湧き立つフロンティア精神が、あなたのやる気を呼び覚まします。

「60秒ルール」で行動を習慣化する

人は、ちょっとできた、ちょっと変わったと感じられたら「嬉しい」「楽しい」と感じます。

たとえば、昨日まで乗れなかった自転車に乗れた瞬間。それは、何度転んでも、少しずつ変化、成長する自分を「嬉しい」と思い、楽しんで行動を続けてきた変化、成長の喜びです。これは、その行動が脳に「快」を感じ取らせることによって起こります。

人は、何か行動してから60秒の内に嬉しいことが起きると、その行動をまた繰り返し行いたくなるのです。
これを**「習慣化の60秒ルール」**と言います。

ある行動を習慣化させたいのであれば、その行動の1分以内に自分（の脳）を喜ばせるとイイということです。

ゲームがやめられないのはいい例です。敵を攻略し、よっしゃ！　と次に進む。やられる。もっとうまくやりたい（ドーパミン放出！）、即、また、始める。さっきよりうまくいく（嬉しい！）、よしっ次のステージへ、でもまたやられる。もっとうまくやりたい（ドーパミン放出！）、すぐやり直す。繰り返す（楽しい）、少しずつ上達する（嬉しい）、クリア……。

つまり、脳が「面倒くさい！　嫌だ！」と思わないうちにまず、そこに取り掛かること……。ゲームの再チャレンジのように、迷いなく「あっ」という間の行動を起こすことこそが、とても重要になってくるわけです。そして、行動は、脳が喜ぶことで変えられるのです。

全ては思いどおり

私の例で言うと、請求書を見た途端、ドーパミンがドバドバ出てくれたら、問題ないわけですよね。ウキウキと喜んで支払いに行く(笑)。

でも、そういうわけにもいかないから困っているわけです。

まずは、60秒ルールを意識して生活していくこと。つまり、行動を起こして60秒以内に嬉しいと感じられるように仕組むことが大切なのです。

たとえば請求書の支払いを済ませたら「好きなスイーツを買ってお茶しよう」など、自分に嬉しいごほうびを与えるのはひとつの良い方法です。そうしているうちに、支払いをした後の解放感と達成感から、支払い自体が心地良くなり、意識しなくても行動できる自分になれるのです。

特に意識しなくても（スイーツのごほうびを用意しなくても）、この「あっ」という間の行動が簡単にできるようになること、これが**「行動の習慣化」**です。

行動が習慣化されると、全ての行動は自分の気持ちによって動いていることに気づくことができます。

全てはあなたの思いどおりなのです。

たぶん、きっと今でもあなたは、あなたが思ったとおりの時刻に寝て起きて、思いどおりに食べ物を選んで食べて、言葉を選んで話して……いるはずです。

ただ、それが「楽しい興味を基準」にしているかどうか。

ドーパミンは「おもしろそう」「楽しそう」と興味を感じたときに出るのです。

このことに気づくだけで、主体的で気持ちイイ毎日のサイクルが動き始め、とてもスムースに活動できるようになります。

気持ちイイ時間を増やす

暮らしの中に気持ちイイ時間を増やすには、どうしたらいいのでしょう。

それは、食や運動、コミュニケーションや睡眠などと紐づけて、自分が気持ちイイと思えることを探すことから始まります。

ちなみに私は、今、「朝一歩、外に出る」と、決めています。

気持ちよく晴れた日には、ついうっかり（笑）そのまま庭いじりをしたり、公園まで散歩したりしてしまうこともあります。

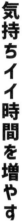

「よし、明日から早起きしよう」とか、「毎朝、ウォーキング30分」とかいうカタイ決心をすると、三日坊主に終わりがちな私も、お気楽に「一歩だけ外に出てみる」と決めるだけで、とても爽やかな一日になるのが分かります。

「よいことを始めた」という感覚は、気持ちがイイので脳も喜びます。

行動の習慣化で全てはうまくいく

ほんのちょっとの行動で自分が変われることを知ると「やりだしたら止まらない」という、私たち「うっかりさん」の特性が、よい方に転がり始めます。こうなると、しめたもので、止めても止まらないくらいの勢いで、一日が充実に向かって走り出すのです。

不思議なもので私も「朝、一歩外に出る」というのが習慣化されたことで、朝の散歩が継続しています。これは、嬉しい限りです。

更にストレッチや瞑想など、これまでずっと「やりたい」のに「できない」と思ってきたことが、自然にルーティン化され、身についてきました。ちょっと、調子に乗ってます（笑）。

頑張るのをやめる

「やらねばならぬ」ことがあるのに、「やる気」が起きない……。そういう状況を打破するには、やる気を出そうとしないことがとても大切です。

脳科学者の茂木健一郎さんが著書の中で「あまり深く考えないことを習慣化する」ことの大切さを述べています。【以下抜粋】

……特別なことをやろうと身構えてしまうと、その時点で脳に抑制がかかり、なかなか続きません。（中略）つまり、毎日「頑張るんだ」と意識し続けている人は、実は相当な脳への負荷がかかっているのです。

『結果を出せる人になる!「すぐやる脳」のつくり方』

脳は、「頑張るぞ!」といった強い意気込みや、外部からの「やるべき!」「しなさい!」といった強制・指示・命令が嫌いです。

私たちは、やりたくもないことに向かって「頑張ろう」とするたびに脳に負担をかけて、結局、くたびれ果てているのです。

とにかく、自然に自分を喜ばせることが大切なのです。

実は、私たち「うっかりさん」の脳は、その他大勢の人たちに比べて、ごほうびドーパミンが出にくいというデータもあります。

私たちは、行動のきっかけを見つけるのに苦労していて、わくわくする動機を見つけられずにいるのです。そうして知らぬ間に嫌なことまでいろいろと考えを巡らせ、ついには、「あー、もう面倒くさい」と動けなくなってしまいがち……。二度寝は、そのいい例でしょう。

深く考えないことを習慣化する

「実行力を高めたければ、つまり、成功の可能性を高めたければ、あれこれ考えずに、いますぐ目標に関係した何かに手を付けるべきだ」と言ったのは、韓国の心理学博士イ・ミンギュ氏（『「後回し」にしない技術』）です。

氏は、二度寝、朝寝坊について、次のように述べています。

「方法はひとつだけだ。『ただ、ぱっと』起きればいいのさ」

素敵ですよね。面倒くさいことをアレコレ考える間もなく、「ただ、ぱっと」。そうですよね。わかります。

でも、コレがなかなか難しいわけで……(泣)。

大丈夫です。ここからは、みんなとはちょっと違う「うっかりさん」ならではの自分の動かし方をご紹介していきます。

さあ、爽やかに楽しく、動き始めましょう。

Chapter 2 ポイント

① あなたの行動は「変」なのではなく脳の働きが「違う」ことで起きる

② 「うっかりさん」は少数派だから、周りも自分も扱い方を知らない

③ 脳は「快」で働く。キーワードは「楽しむ」。まずは脳を喜ばせよう

④ ごほうび脳内物質ドーパミンは「おもしろそう」と思ったときに出る

⑤ 私たち「うっかりさん」は、ドーパミンが出にくいらしい

⑥ まず、自分で仕掛けていこう

⑦ 一歩でもいい、ちょっとだけ動いてみる

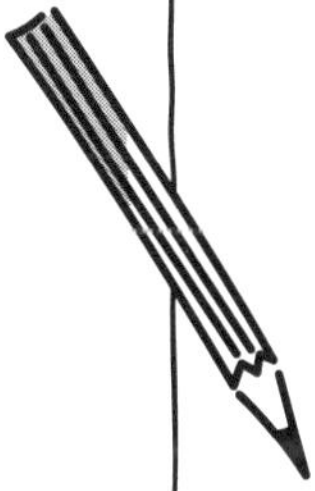

chapter 3
自分を知る、知らせる

Chapter 3 自分を知る、知らせる

私たち「うっかりさん」は、少数派であるがために周囲からの理解を得ることが難しく、自分自身も失敗ばかりでつらいと、日々、凹みがちです。

しかし、世間で言う「常識的行動」に乗り切れない少数派の私たち「うっかりさん」には、「うっかりさん」なりの行動パターンがあるので

す。

では、大多数の人が言う「常識」の中で、私たち「うっかりさん」が楽に楽しく生きる日々の対策を探していきましょう。

「ひとりごと」の効果は、絶大

職場や学校、家庭の中で、いつも、忘れ物、捜し物に翻弄される毎日を過ごしてはいませんか。

家事や仕事、勉強などアレコレ動いている割には、「何も仕上がっていないな」と思うことはありませんか。

1．原因は、マインドワンダリング

「うっかりさん」の才能にマインドワンダリングがあります。

マインドワンダリングとは心の迷走。目の前の課題から注意が逸れ

て意識がぐるぐる回っている状態になり、課題とは関係のないことを考え始めてしまうことです。世の中では広く不注意とか注意散漫とか言われる現象です。

周囲の刺激に敏感な私たち「うっかりさん」は、今までココにあった意識をすぐに別のどこかへもって行くことができます（33ページ「才能4」）。

外出先に上着を忘れる、スマホや時計が思わぬところから現れる、読みかけの本が、なだれになる……などなどは全てマインドワンダリングのしわざ。

これは、視覚（わっ、暗い）、聴覚（ピーッ終了）、嗅覚（えっ？　くさっ！

何の臭い？）、触覚（暑っ！　痛っ！）、味覚（辛《から》っ!!　苦《にが》っ!!　旨《うま》っ!!）など五感の刺激に即座に反応する才能のなせるわざなのです。

刺激に反応して無意識のうちにすぐそちらに向かって突き進むので、今やっていたことが置き去りにされ、やがて忘れられてしまうのです。

マインドワンダリングは「心の迷走」です。

次々と移り変わる心（気持ち）が飛んで行った先の一点に集中する、だから、ついさっきまでのことがおろそかになる（忘れ果てる）ということになります。

つまり、つねに「今」を生きているわけです。

なんだか、カッコイイですね（笑）。

次々とやってくる「今」に集中するので、過去（つい今までのこと）など考えられなくなる私たち「うっかりさん」。

「ハマる」（27ページ「才能1」）のは、まさにこの時です。

芸術的な作品や偉大な発明や発見が生まれる瞬間なのです。

しかし、そこに至るまでの次から次への「やりっぱなしな現状」、ココが、世の中では「集中力がない」「すぐ忘れる」などと評価されがちなのですね。

ということは、つい今までやっていたことを「忘れない」ようにする工夫さえあれば、この世の中でも都合よく生きていけるわけです。

では、その方法。
それは、「ひとりごと」を言うことです。
さっそく実践してみましょう。

2．対策は、No－Go（注意制御機能）

何かに注意を向けるときの制御機能をNo－Goと言います。文字どおり、「待て」からの「はい、どうぞ」です。

たとえば、
「勉強をしている」のに「LINEのチャイムに気持ちを持っていかれそう」な場面を例にあげてみます。

この時大切なのは、これからの行動をきちんと言葉にするということ。

チャイムを聞いてすぐにスマホを手に取るのではなく、「ちょっと待って、今、勉強中だよ。きっとまた、戻って来てくれるよね」とひとりごとを言うのです。

ひとりごと、というとちょっと違和感を覚えるかもしれませんが、それならば、5歳くらいの子どもの様子を思い浮かべてみてください。

子「わっ、すべり台おもしろそう。すべってくる！」

親「待って、待って、昨日の雨で濡れているかもしれないよ」

一般的な大人の人たちは、これまでの経験を紡《つむ》いで、この行動によって起こり得るあらゆるリスクをリストアップすることができます。

そう、大人になったら、母親のように「待て、待て」という声をかけるのは、自分自身なのです。でも、私たち「うっかりさん」はコレが苦手なのです。

5歳児のように思いのままますべり台を滑り、パンツまでびしょびしょにして、せっかくの公園あそびを終了しなくてはならない悲しい結果を招きかねません。

子どもの場合、それはそれで、とても貴重な体験ではあります。

しかし、私たち「うっかりさん」は、大人になってからも相変わらず体験学習型で危険を顧みないチャレンジャー（才能4）なので、それに伴う痛みもかなりなものになってしまいます。

ですから、ある行動の途中で刺激を受けたときには、
1．一旦停止すること。そして、行動を言葉にして
2．「No」（意識してやめる）習慣をつけ、次の行動を
3．「Go」（意識して始める）クセをつけていくことをおススメします。

対策1　一旦停止して、ひとりごとを言う

「myルール」で迷いをなくす

ものごとがうまくいかないとき、「意志が弱いからだ」と思ったこと、あるいは人からそう言われて凹んだ経験はありませんか？

1．ウィルパワー（意志の力）

意志の力をウィルパワーと言います。ウィルパワーには、限界があります。一定量を使ったら終わるということです。

たとえば、あなたが毎日、

「起きるか？　二度寝するか？」

「食べるか？　食べないか？」

「何を着るか？（あー、もう、面倒くさい）」

「仕事に行くか？　休むか？」

こんな朝を繰り返しているとしたら、あなたは朝からウィルパワー全開です。

次から次に意志決定すべきことを頭の中に浮かべて選んで決めていくのは、この世の中で新しいアイデアを生み出す力（29ページ「才能2」）となるに違いないのですが、私たちの脳にとっては結構な負担です。

見るもの聞くものに、ことごとく反応を示す才能をもつ私たち「うっかりさん」は、ウィルパワーを知らぬ間に放出しています。ウィルパワーをどんどん使って行動を選択するので頭の中が忙しく、「仕方がない、仕事に行こう」と、しぶしぶ決心したときには、朝からもう既に疲れ果ててしまっているのです。

その結果、私たちは、気づいたらウィルパワーが枯渇していることも。「あー、もう、面倒くさい」は、ウィルパワー切れを示す危険信号です。

面倒くさくなった「うっかりさん」は、どんよりと疲れ果ててしまい、考えたり、働いたり、動いたりできなくなってフリーズしてしまいます。

疲れ果てた「うっかりさん」は「ひとりごと」を言う気力もなくしていますから、ついうっかり忘れて鍋を焦がすし、鍵の置き場所を毎朝捜し、凹みます。

このような場合は、更に他からのアプローチを考えてみましょう。

はじめから悩みの種を排除して迷う暇をなくすという方向で、限りあるウィルパワーを温存していきます。

毎日の服装選びに割く時間を無駄と考え、決断疲れを避けるために、スティーブ・ジョブズ氏が、同じ黒のニットとブルージーンズを複数枚持ち、毎日着用していたというのは、有名な話ですね。

無駄に迷ったり悩んだりしている時間をなくしていく工夫をする、つまり「myルール」をつくるのは、ウィルパワーの節約にとても効果的です。

私は、ここ一年ほど、プチ断食を続けています。朝食は、ココナッツオイルを入れたコーヒー、ショウガ紅茶を飲んで、おしまい。朝食メニューを考える手間を省き、効率よく気持ちのいいスタートを切ることができて、気に入っています。

自分で自分の行動を操作できるようになると、とても軽やかに爽やかな日々を過ごすことができるようになります。

あなたも、できるところから、自分の生活を見直してみませんか。

きっと、あなたの意志で決めた、あなたにぴったりの、爽やかな一日が訪れますよ。

対策2 myルールでウィルパワーの節約を心がける

ここまで「うっかりさん」の才能（特性）に目を向けて「うっかりさん」の行動パターンを分析し、社会的に楽に動くことができるための対策を考えてきました。

ここらで、そろそろ周囲を見渡してみましょう。

さあ、いよいよ、人との関わりです。

「書くこと」であせりを手放す

職場や家庭、学校など社会集団の中では、友だちや家族との約束、職場の上司や同僚との打ち合わせや相手先とのやり取りの中で、取り交わされる予定やタスクが散在します。

友だちとの約束や家族旅行など楽しみなことが舞い込むと、ついうっかり日常の予定を見失いダブルブッキングさせてしまうことは、ありませんか。

「うっかりさん」の日常として、

「遅れて、すみません」

は、よくあるケース。一度は、ご愛敬で許されても、「ついうっかり、忘れていました」が、二度、三度と続くようだと、「社会人として、失格だ」というレッテルを貼られることになります。

そんな不本意な他者評価から解き放たれ、見通しをもった大人の準備態勢を整えるためには、どうしたらよいのでしょう。

「うっかりという才能」のひとつに、「過去を見ない」といういさぎよい一面があります（31ページ「才能3」）。この特性は、今に集中するあまり過去の約束まで忘れてしまうので、他者との関わりの中では、往々にして信頼をなくしてしまうという、不本意な結果を招いてしまうのです。

1．ワーキングメモリ

私たち「うっかりさん」は、脳の働き方が周囲の大多数の人たちと「違う」（Chapter2）ということは、前述したとおりです。

この「違い」のひとつにワーキングメモリの機能の仕方があります。

ワーキングメモリは短期記憶と言われ、少しの間、ものごとを記憶に留めておく機能。たとえば、今、聞いたばかりの電話番号で瞬時に相手に連絡するようなときに使う記憶力です。

私たち「うっかりさん」の脳は常に新しいことを取り込むため、その時々の短い記憶を整理することや、たくさん溜めておくことが苦手です。

一般的には、4～5、中には7つくらい溜められる方もいらっしゃるそうですが、私たち「うっかりさん」が留めておける短期記憶の平均は、

3つくらい。

ちなみに私の場合は、

① 仕事で大切な事前準備
② 晩ご飯の買い物
③ 町内会の話し合い
④ 娘の懇談会

……と、3つ目が入って来た時点で、2つ目の買い物あたりを玉突き状態で忘れてしまったり、4つ目なんかが入ってしまったら緊張しすぎてパニックになったりします（泣笑）。

このような状態は、一般的に短期記憶不全のための注意力欠如と言われます。

私たち「うっかりさん」は、**頭の中で全てを処理**しようとすると、

①無尽蔵に果てしなく大変なことが押し寄せてきそうな恐怖を漠然と感じる ⬅

②思考停止状態になってしまう ⬅

③行動もフリーズしてしまう ⬅

④更に焦るばかりで事がうまく運ばなくなる ⬅

⑤準備が整わないまま本番を迎え失敗を多発する ⬅

⑥凹む

という、悪循環に見舞われます。そんなとき、私たち「うっかりさん」は、**記憶に頼らず記録する**ことが、何よりしあわせへの近道です。

では、頭の中を整理するためにやること。
それは「ブレイン・ダンプ」、つまり書くことです。

2．やることリストに頭の中を書き出す（ブレイン・ダンプ）

【タスク（やろうとしていること）】を、全て書き出します。
書くことで、

【数量】やることが、いくつあるのか
【優先順位】どんな順番でやればよいのか
【準備、対策、不安】何を準備しどうやればうまくいくのかなど、タスクを可視化することができます。頭の中にモヤモヤと溜め込まずに、書き出して目で確かめることを心がけていきましょう。

頭の中にあるものを書き出してみたら、「ん？　これだけ？」と、思うこともあります。

次にダブルブッキング対策。

3．予定を書き込む手帳を持ち歩く

予定が入ったら、その場ですぐに書き込める手帳か書き込み型のカレンダーを持ち歩きましょう。

その都度、記録してしまえば、頭の中で予定を整理する手間が省け、厄介な記憶の操作をスッキリと手放すことができます。

スマホにもカレンダー機能がありますので、音声の記録アプリなどは、使い慣れると最強アイテムになるかも。私は、SNSに気をそがれやすいので、予定は「手書き」と決めています。

そして、予定は必ずココ一箇所という手帳かカレンダーをひとつに決めて記録する、習い事などの定期的な予定は一年分色を分けておくようにします。

年間を通して予定が分かっていることについては、あらかじめ一年を通して書き込んでおくことが大切です。仕事の予定（青）、子どもの学校行事（赤）、自分の習い事（緑）など、色分けしておくと一目で予定が把握できます。

※消せるカラーペンなどがあると、変更時には便利です。

ストレスなく確実に書き込みが行われることを最優先にするならば、大きめの枠がある軽い手帳か、A4サイズくらいの薄っぺらな書き込みカレンダーがおススメです。ふたつを併用しようとすると、うっかり書き落としをするので、必ずひとつだけを持ち歩くようにして、予定が入ったらすぐココに書き込むと決めましょう。ココを見れば全てが分かるという安心感が得られます。

ダブルブッキングやすっぽかしをなくし信頼を得ることで、自分の心の安定が保証され、安心して毎日を過ごすことができるようになります。

対策3　記録して記憶を手放す　頭の中に溜め込まず書き出す

モノを手放す

モノを捨てるのが苦手ではありませんか。
「うっかりさん」が、捨てきれずにずっと溜め込んでいるモノは、

◆思い出の品
◆高価だったもの
◆まだ使えそうな文具
◆まだ着るかもしれない昔の服
◆まだ効果がアリそうな化粧品の瓶
◆最後まで使いたいマヨネーズのチューブ

などなど……。

これは、「うっかりという才能」のうち、「ある一点に没頭する力」（才能1）と「見えないものは無きに等しい感覚」（才能3）のブレンドで起きます。

私たちが、ある一点に集中（没頭）するときは、言い換えると「終わりなく突き進んでいる状態」、つまり私たちは、「終わる」のが苦手なのです。

だから、モノがそこにあるときに、それを「終わり」と見切ることができずにそのまま放置してしまいがち。

そこに今度は「見えないモノは無きに等しい」感覚が働くので、

◆積み重ねられて使うことのない、いただき物のシーツやジュエリーの箱
◆着なくなったのにそのままクローゼットに押し込まれている衣類
◆いつの間にか溜まっているボールペン、定規、チビた鉛筆、欠けた消しゴム

などなどが、部屋のあちらこちらに散らばっているのです。

1．カテゴリー分け（系統立て種類分け）

私たち「うっかりさん」の脳は、物事を抽象的に分類することが苦手です。

だから納戸の奥には、いただき物がぎゅうぎゅう詰め……飲まない

お酒や、使わないままのタオル、似合いそうにないジュエリーなどが、全て「箱」として山積みにされていたりします。

ここでは、モノを系統立てて分類してみましょう。

○箱に入ったままになっているいただき物は、箱のままバザーに出すか箱から出して今日から使うかで判断します。

ビール、タオル、ジュエリーなどを箱から出すことで、カテゴリー（用途）の違うものが積み重なっていたことに気づきます。

○まだ着ると思う衣類や、使えそうと思っている化粧品、文具、食品などは、大きなゴミ袋を用意して「使う」か「ゴミ」に分けましょう。

高価だった品物やお気に入りの服や持ち物は、使わないけれどもったいない気がして「ゴミ」に分類できず、困ってしまう「うっかりさん」もいらっしゃることでしょう。

大丈夫です。

その捨てられない品を分類できる袋（箱）をひとつ用意して、そこに入るモノだけは、捨てるまでに「いっときの猶予」を与えます。

それも1年以上は置きっぱなしにしないようにすることが大切。

いまどき、捨てられなかったモノたちは、〇ルカリなどネットフリーマーケットに出すなど、お金に替える有効な活用法もあるほどです。

まずは、今、あなたの部屋に眠っているモノたちを、

◆今日から使うモノ
◆いらないゴミ
◆お金に替わるお宝（笑）

というカテゴリーに分けて、置き場所（使い道）をしっかり決めましょう。

対策4　種類分けして行き場を決め直す

Chapter 3
「自分を知る、知らせる」ポイント

①No－Goの活用「待て」と「どうぞ」と「ひとりごと」
②生活の省エネ。ウィルパワーを枯渇させない
③記憶に頼らず記録する。ワーキングメモリー不足は書いて補う
④系統立てて種類分け。カンタンに整理整頓する

chapter 4
モノを使い倒そう

Chapter 4
モノを使い倒そう

さて、ここまで「うっかりさん」の行動パターンを分析しながら、世の中で楽に楽しく生きられる術を考えてきました。

この章では少し視点を変えて「うっかりさん」にぴったりなお助けグッズを紹介していきたいと思います。

お助け家電に投資する

私たちの最大の敵は「面倒くさい心」と「疲れ切った体（脳）」です。

この状態になると、もう何もかもがどうでもよくなり、とにかく動かないし動けない、電池切れの状態になります。

にもかかわらず、根が真面目な（笑）私たち「うっかりさん」は、便利な家電を贅沢なものとして遠ざける傾向があります。

投げ込むだけで洗濯や食器洗いが終わる道具、これこそは私たちのために生まれてきてくれたありがたい文明の利器。利用しない手はありません。

1．食器洗い乾燥機（食洗機）でゆとりの時間を生み出す

使い終わった食器を並べて入れて、あとはスイッチを押すだけの食洗機は、食事が終わったあとの一家団欒や自分のための時間をつくってくれます。

朝のあわただしい中で、食器を洗う手間を端折《はしょ》ったばかりに、仕事から帰ったあとの台所で、どんよりと沈んだ朝ご飯の茶碗を見ることになる……そんな思いはもうやめて、スッキリ食洗機にお願いしましょう。

2．コードレス掃除機とロボット掃除機でなんちゃって清掃

私たちの部屋には基本、床にモノがあるので掃除機がかけられません。コードをコンセントに差し込む掃除機は、そこいらじゅうの物をなぎ倒す怪獣、もう絶望的です。

掃除機はコードレスでモップ型の軽いものを活用し、モノとモノのすき間に差し込みながら日常的に軽くするか、〇ンバみたいなロボット掃除機におまかせして、あなたは、とっととお出かけしましょう。

3．乾燥機付き全自動洗濯機で面倒くさいから解放される

洗濯は「①洗う　②干す　③取り込む　④たたむ　⑤仕舞う」というた

くさんの行程があり、私たちはそのいずれかで頓挫《とんざ》してしまう傾向があります。

濡れモノを干すという作業が苦になるならば、迷わず乾燥機付き全自動洗濯機を使いましょう。

苦手なことや嫌なことを他者（モノ）の力にまかせることは、ずるいことでも贅沢なことでもありません。とにかく、自分でなくてもイイ仕事は、他者（モノ）にまかせていく。時代は、私たちの味方です。

では次に、お金のかからない、お手軽ライフハックをご紹介します。

時間管理グッズ

1．キッチンタイマーと目覚ましアラームで
充実の一日をデザインする

人が集中できる時間は、15分刻みに30分、45分、60分、75分、90分です。つまり、小学校の時間割やチャイム、大学の講義時間みたいな感じをイメージして自分の時間をコントロールすると良いのです。

ただし、私たち「うっかりさん」は、一日の流れを時刻できっちり決めてしまった場合、ひとつ出遅れると全ての予定が乱れてなし崩しに

なりかねない（笑）ので、小学校のように定刻できちんと区切る時間割は組まないようにします。

少々朝寝坊しても（汗）その時刻からやれるだけのメニューを60分15分45分15分90分15分……と、タイマーをかけながら、ひとつずつクリアしていきます。これくらいファジーな感覚で、とにかく始めてみましょう。

この時大切なポイントが3つ。

「時間」をつくるタイマーと、

「時刻」を守るアラームを使い分け、必ず一区切りを意識して、

「休み時間」を設定することです。

たとえば、

◆60分間〔時間〕のタイマーをかけて作業をしたら15分間の休憩を取る
◆10時の約束〔時刻〕を守るために9時30分にアラームをセットする

といった感じです。

一日を思いどおりに過ごすためには、タイマーとストップウオッチくらいしかないシンプルなモノがおススメ。イチ推しは、

キッチンタイマーと、
目覚まし時計です。

スマホや、スマートウォッチなどにもタイマー機能は入っていますが、うっかりSNSやメールチェックなどに気をそがれてしまっては台無

しですからね。

文章を書き始めると食事や睡眠、排せつさえ忘れてしまいがちな私は、仕事机から少し離れた冷蔵庫のキッチンタイマーを愛用しています。

やりたいことにけりをつけるのが苦手な私も一旦立ち上がって、お茶を飲んだり、トイレ休憩をはさんだりすると気持ちが一度切り替わります。

おかげでリフレッシュして次の仕事に向かうことができます。

タイマーとアラームは、一日を有効に過ごすための強い味方。私たち「うっかりさん」の時間管理にとても有効です。ピンと来たなら、即、どうぞ！

食生活を整える

エネルギー切れの私たちが「面倒くさい」と思ったときに、すぐ向かいがちなのがコンビニエンスストア。身に覚えのある方は、今日からぜひ、食生活を見直してみましょう。

1．電気炊飯器と無洗米

実は、多機能でシンプルな使い勝手の良い家電調理器具は、炊飯器なのではないかと思います。米と水を入れるだけで、ご飯ができるのですから。

更に、米を研《と》ぐのが面倒な私は、発芽玄米の無洗米を購入していま す。無洗米は、その名のとおり洗わない米。

とぎ汁の水も節約でき、冬場は冷たい思いをしなくて済み、とても助かっています。

米を量り水を入れるだけで、美味しいご飯ができあがるのですから活用しない手はありません。

また、おかずづくりが面倒なときには、ソコに好きな具材と調味料を入れて炊けば、きのこご飯や鶏めしなどの炊き込みご飯ができ、無限大のバリエーションがあります。

ご飯は食べた残りを小分け冷凍しておけば、炊飯の手間を省いて電子レンジで炊き立てホカホカの状態になり、すぐに食べることができます。

疲れて帰った日の晩ご飯は、炊き立てホカホカが嬉しいですよね。

2．冷凍庫が充実している冷蔵庫

ご飯のところでお話ししたように、たくさんつくって冷凍しておけばすぐに利用できる食材は、ほかにもたくさんあります。

小ねぎなどは、旬の時期に安く買って刻み、冷凍しておけば、味噌汁、冷や奴、いろんな薬味にそのまま使えます。ブロッコリーやにんじんなどのゆで野菜は、一度大鍋でバーンと湯がいて冷まし、レンジ対応のパックに入れて冷凍しておくだけ。食べたいときに、ちょっといためたり、味付けしたりするだけで食べることができるので、しばらくは楽チンです。

3. 温め重視の電子レンジとレンチンパック

そうなると絶対必要なのが、「チン!」です。

電子レンジには、最近オーブン機能などが付いた立派なものも多く出回るようになりましたが、ケーキやローストビーフを作るのが趣味の方でない限り、私がおススメしたいのは、温めと解凍機能だけのシンプルな電子レンジです。

炊飯器や冷凍庫にこだわれば、一気に冷凍食品を作って保存しておけるので、あとは解凍と温め機能で、ほぼ、こと足ります。

4・あなたはあなたが食べたモノでできている

そんな手間をかけなくても、ご飯のレンジパック商品や野菜の冷凍食品などは、スーパーに行けば、かなり手ごろに手に入ります。でも、気になるのは、冷凍食品やコンビニのお惣菜パックの原材料や産地、食品添加物です。

私たち「うっかりさん」が最も大切にしたいのは、心と体の健康です。これは、だれしもが同じ大切なことなのですが、特に周囲との兼ね合いで日常的に心身がすり減り疲れやすい「うっかりさん」にとって、最重要課題なのです。

「うっかりという才能」が社会の中で花開くために、私たちは、健康を気遣うことができる人になる必要があるのです。

私たちの体や脳(心)は、私たちが取り込んだ食べものでできています。自分の健康によい食材を選んで食べること。それを意識して生きることは、私たち「うっかりさん」の忘れてはならない大切なことなのです。

汚《お》部屋からの脱出対策グッズ

整理整頓のコツは、モノを元々あったところに戻すことです。モノの置き場所さえ決めれば、汚部屋は爽やかなお部屋になります。

1．とりあえず箱で、暮らしをシンプルに楽にする

「うっかりさん」の私でも、時々お片付けスイッチが入って素晴らしい片付けをしてみることがあります。片付いた部屋のすがすがしさも承知しています。

ただ、そんな日々も数日……あわただしく疲れ果てた日常に戻ると、はりきって片付けたときの気持ちも記憶もなく(泣)テーブルの上、机、引き出しの中、洗面台……いつの間にかごちゃごちゃモノだらけになります。

ここでありがたいのが「とりあえず箱」です。

その名の通り、とりあえずモノを入れる箱。基本はこんな感じです。

①床を平らに保つための箱
②大事なものを入れる箱
③机を平らに保つための箱
④食卓を平らに保つためのかご
⑤洗濯物を入れるかご

あなたも用途に合わせてサイズや置き場所を考えてくださいね。住居の広さや家族構成などによってサイズや個数を考えるといいでしょう。

2．衣類の整理はこれで万全！
部屋干しハンガーとひとまずハンガー

「まだ着るかもしれない」と思った衣類が洗濯できないまま、椅子に掛けられていたり、ソファーや床に山盛りになっていたりはしませんか。

前述したように私たちの才能の中には「過去を見ない（31ページ「才能3」）」という特性があります。私たち「うっかりさん」は、興味を失ったものを振り返ることはなく、見えないものは無きに等しくなります。

見えない衣類は忘れられてしまい、タダの汚い衣類の山になっていきます。ということは、全て見えるようにしておけば大丈夫なのです。

我が家では、子どもたちが幼い頃から洗濯物を各自で取り込むのは、当たり前になっていました。

全自動洗濯機から取り出した洗濯物は、各自で自分のクローゼットに仕舞い、干しっぱなしにしている洗濯物干しから、自分の衣類を取り込んで着用するのが常でした。「必殺、部屋干しハンガー」(笑)です。

(1) 部屋干しハンガーの使い方

①洗濯物は、全部ハンガーに掛けて部屋干しする
②乾いたら次に着るまで、そのまま放置しても大丈夫(着る際濡れモノ注意)
③物干しスペース不足のときは、ハンガーのままクローゼットに収納する
④しわや型崩れが気になるものだけ、たたんで引き出しやクローゼット棚へ

洗濯物を取り込む、たたむ、仕舞うという行程をなくしてスッキリ爽やか。

当たり前や常識は、そこにいる人の心地よさを尺度に決定されていけばよいと、私は思っています。

さて、もうひとつは、選択と洗濯の決心。まだ着るかも……は、洗濯の決心を鈍らせる危険信号です。お助け「ひとまずハンガー」を活用しましょう。

(2) ひとまずハンガーの使い方

①ポールハンガーを一本置く
②仕事やお出かけなどで使った衣類は、ひとまずソコに掛ける
③前日の服がある場合は、「まだ着るかも」のとりあえず箱(かご)へ

④まだ着るかもと思っていたとりあえず箱（かご）が満タンになったら、明日着るかどうかを選択し、その後、全てを洗濯する

ここで大切なポイントは、まだ着る服を最終選択したら、あとは洗濯機に入れて洗濯です。

とりあえず箱をあふれさせない、ココだけは死守しましょう（笑）。日々のひと手間を省くことで、私たち「うっかりさん」のあわただしく働く脳と疲れやすい体を休ませましょう。

面倒臭くて続かないよりは、楽にスッキリと事を運ぶのが得策です。

Chapter 4 ポイント

①お助けおまかせ家電に投資して、自分らしい時間を取り戻す
②タイマーとアラームで充実の一日をデザインする
③お手軽保存食や簡単調理で食生活を見直し、心と体を整える
④ライフハックでくらしをシンプルに楽にする。簡単片付けのススメ

chapter 5
マメな行動、負けないマインド

Chapter 5 マメな行動、負けないマインド

さてさて最終章、ここでは「一般的」と言われている世の中で、少数派の私たち「うっかりさん」が、しあわせに生きるためのコツをお伝えします。

休養を計画する

改めて、お尋ねします。

「お元気ですか」
「しっかり休めていますか」
「眠れていますか」

職場や学校など、曜日等で休日が決まっている人はもちろん、シフト制の人も専業主婦の方も休みの日をしっかりとることができているか。そしてその日に、しっかり休養をとることができているか確認してみてください。

明日が休日だと思うと、カレンダーに何かしら予定を入れたくなるかもしれませんね。あるいは、何も予定がないときにも自ら理想の休日を思い描いてしまうのが、私たち「うっかりさん」の性です。

休日前夜の妄想を「アレもコレもやろう」と思い巡らす一方で、明日が休みだと夜更かしをしてしまう。そして結局、休み当日は、二度寝からの朝寝坊（思っていたのと違う）。そんな休日を過ごし自分を責める。

私たち「うっかりさん」は、ゆとりの時間や何かと何かの間にかかる遷移《せんい》時間をのんびり過ごすのが苦手です。ついつい、すき間があれば埋めたがる（35ページ「才能5」）……そんな私たちは、とにかく休むのが下手です。

「アレもしたいコレもしたい」と思う反面「うっかりさん」の頭の中には、消化しきれない休日プランがあふれていて、常に忙しく考えを巡らしているので、「アレもやらなきゃ、コレもやっておきたい」という焦燥感にいつもさいなまれ、結局くたびれ果ててしまいます。

こんなときこそ書き出す（81ページの2「ブレイン・ダンプ」）です。

休日前夜に、「やりたい」と胸を弾ませていることと、「やった方がいいな」と引っかかっていることを、ランダムに全て書き出してみましょう。

そして休日の朝にやりたいことベスト1と、やった方がいいはずだけどやれていないこと（笑）のベスト1を書き抜きます。

休日プランは、この2本立て程度にしましょう。できる限り、仕事などのやるべきことは、休日にもち込まないことが大事です。

休日は、余暇などを楽しみ、しっかり休養しましょう。気持ちと時間にゆとりがあれば、日ごろやれていなかった片付け等の雑務をこなすのもよいでしょう。

休日には、まず「休養」をしっかりと意識してキープし、その時間は、何にもしなかったことを「合格！」とします。

しっかり休養し充実した休日を過ごすことで、日ごろの家事や仕事といったやらねばならぬことを先送りせずに効率よく終わらせるようになり、気持ちの良い日常生活のサイクルが回り始めるのです。

「からだの声」を聴く

ところが「休もう」「くつろごう」と意識したとたん、脳が活性化して興奮気味になり、眠れなくなってしまうこともあります。

そんなときは、とにかく五感を働かせて「からだの声」を聴きましょう。部屋の照明をおとして目を閉じたまま、ゆったりとヒーリングミュージックを聴いたり、ストレッチなどで体を少し動かしたり、ぬるいお風呂で気持ちを静めたりして、のんびり眠くなるのを待ちましょう。

今日のことをくよくよ考えていたり、明日のことを不安に思っていたり、眠れないのにはわけがあります。

たとえば、朝日を浴びていない日は、睡眠に導くメラトニンが作られないので眠くならないのです。カウチポテトの休日は、運動不足のせいで眠れないとか。

朝に原因があるならば、夜に悩んでも仕方ないことです。

「何をそんなに興奮しているの」と、眠らない自分に尋ねてみること。自分の体に抗《あらが》うと、その意識のせいで眠れなくなってしまいますからね。

基本、こんなときに大切なのは、ムキにならないこと。

「からだの声」に耳を傾けると、自分の脈打つ鼓動が分かります。

目をつぶって自分の脈に意識を集めることができたら、大丈夫。

目をつぶっているだけでも疲れは取れますし、自然と眠れてしまうこともあります。それでも眠れなければ、眠くないのだから眠らなければいい。

あえて、小難しい本を読んでみる、とかいう夜もアリです（笑）。

呼吸を意識する

緊張する場面で深呼吸をすることはありませんか。ヨガや瞑想もそうですが、深く息を吐くことを意識すると副交感神経が働き、精神的な落ち着きを取り戻すことができます。前述した眠れない夜にも効果的です。

深呼吸で得られる効果は、次のようなもの。

- 自律神経が整えられる
- 内臓マッサージになる
- 血液の循環がよくなりデトックス効果がある
- ストレス解消
- 疲労回復

いいことづくめですね。

YouTubeを検索すると心身の健康、安定を図る呼吸法がいろいろあります。ご自分に合ったものを生活に取り入れてみてください。

ちなみに私は就寝時にボックス呼吸法を取り入れたところ、毎晩ぐっすりと眠れるようになりました。

気になる方は、ぜひお試しください。

振り返りの時間をつくる

さて、家に帰って玄関で靴を脱ぐとき、一度しゃがんで膝をつき靴を揃える習慣はありますか。少し前の自分の所作を振り返る習慣、これができている方は、素晴らしいです。

室内側を向いたままあちこちに脱ぎ捨てられた靴よりも、出入り口に向くようにまっすぐ揃った靴の方が、次に靴を履く自分が少し楽で嬉しいですよね。どんな些細なことでもいいのです。

自分の行動を振り返る時間をもつこと。

自分への心遣いは周囲への気配りとなり、周りの人の理解を得ることにつながります。

最初のひと声で脳を活性化させる

無言でいるところから、ひとこと言葉を口に出すと、それだけで前頭葉が活性化することが分かっています。

家族が居れば家族に、ひとり暮らしならばペットやぬいぐるみに向かって、朝イチ番に、

「おはよう」

と声に出して言ってみるのは、大変おススメです。

会話をしたり笑顔をつくったりするチャンスが少ない日は、ご近所

やバスの乗務員さんにあいさつしてみるのもアリです。
「今朝は笑顔で」など、道徳的実践の場として好みの自分を演出してみる日があってもいいかもしれません。これができるようになったら、かなりの上級者です。

まずは、心身の健康のために周囲の人とのコミュニケーションとしての第一声を。そう、脳科学的にも、今更ながらあいさつって大事なのです。

笑顔は免疫力を高める

あいさつと笑顔はセットにすると効果絶大になります。

ただ、私たちの才能の一部には「反骨精神的なもの」が潜伏している場合があるので用心したいところです。

どういうことかと言うと、私たち「うっかりさん」の才能の中には、社会的に正しいと思われているマナーや道徳的行動、まさに「笑顔であいさつしましょう」みたいな行動を「けっ、茶番だぜっ」と感じ、あえてやらない、やりたくない、というアマノジャクっぽい「反骨精神」がある、ということです。

確かに「笑顔であいさつしましょう」なんて、小学校のかつての「道徳の時間」みたいなイメージで、こそばゆい感覚をもつ方もいらっしゃるかもしれません。でも、同じ感覚をもっている私（笑）の経験と実践と科学的根拠を鑑《かんが》みても、やはり、笑顔はとても重要です。なぜなら笑顔は、免疫強化の超簡単な最強アイテムだからです。

私たち「うっかりさん」の体や脳は、一般の人たちよりも休むのが苦手だということは、お伝えしましたね。

ただでさえ疲れやすい特徴をもっているので、私たち「うっかりさん」は、心身ともに病みやすいのです。

だから、免疫強化は必須事項なのです。

ま、でも急に、明日から笑顔であいさつというのも照れ臭い場合は、まず鏡に向かって作り笑いすることをおススメします。

脳はだまされやすいので、口角を少し上げてつくり笑顔を毎日心がけるだけで免疫力アップ効果は充分あることが、脳科学的に証明されています。

笑顔は、私たちの健康を支える無期限、無料のデフォルト機能です。日々、がっつり（笑）使っていきましょう。

姿勢で整う7つのこと

明治時代に生まれた哲学者、森信三氏は著書の中でこのように述べています。

「常に腰骨をシャンと立てること。これ人間の根性の入る極秘伝なり」

保育所や小学校などの教育現場でも、

「姿勢をシャンと整えて、お話を聞きましょう」

という先生の言葉をたびたび耳にした覚えがありませんか。

また、「茶番だぜっ」と反発したくなるかもしれませんが、もう少し聞いてください。

森氏は、姿勢を正すことによって7つの良いことが起きると言います。

①　やる気が起こる
②　持続力がつく
③　集中力が上がる
④　行動が機敏になる

更には、

⑤身のこなしや振る舞いが美しく見える
⑥精神や体のバランス感覚が鋭くなる
⑦内臓の働きがよくなり、健康的になる

椅子に座る姿勢だけで、こんなに素晴らしい効果があるというのです。「悪くない」と、思いませんか。

心と体は表裏一体

ところで、森氏の言葉は、更にこう続きます。

「……二六時中、『腰骨を立てる』以外に、真に主体的な人間になるキメ手はない……」

「エッ？　二（四）六時中ですか？」

そうなんです、厳しいんです。私もここまで再三申し上げてきましたが、「やるぞっ！」と張り切ったとたんに、くたびれて終息に向かうのが、私たちの脳です。森氏の提唱される「根性論」は、一番苦手な領域かもしれません。

でも、大切なのは、ここからです。私のおススメは、

立腰教育と脳の特性のイイとこ取りです。

まず、立腰教育の7つの効果、①やる気 ②持続力 ③集中力 ④機敏さ ⑤立ち居振る舞いの美しさ ⑥精神の安定 ⑦内臓の働き改善、の中から、できるだけ自分が喜びそうなことをひとつ選びます。

たとえば、
美しい所作で人と関わっている自分の姿なんかを思い浮かべて、ちょっと「ふふっ」と嬉しい感じになるとします。

するとと脳は喜び、調子に乗って動き出しますから、その瞬間にちょっと椅子に腰かけて、お尻とおなかに意識を向けて姿勢を整えてみる、という感じです。

気構えずにさらりと、

「あら、ステキ」「結構、やれる」「なんだか、きもちいい！」

と思えることが増えてくると、どんよりしていた毎日が少しずつ、でも確実にしあわせな日々に変わります。

周りに知らせる（周知）

さて、私たち「うっかりさん」が社会生活の中で楽に楽しく生きるために必要な対策は、ここまでご紹介した7項目、

◆休養
◆睡眠
◆呼吸
◆振り返りの習慣
◆あいさつ
◆笑顔
◆姿勢

になります。

これら7つは、言うなれば、私たちが知っておくとお得な自分自身の情報、つまり、あなた自身に「自覚」していてほしいことです。

そして、これからお話しすることは、これまでの7つが、理解できたところから実行していただきたい、とても大切なことになります。

私たちは、自分の才能（他者と違う特性）を知り、今の「常識」とされる世の中に楽に楽しく、うまく適応できる対策を考え実践しようとしています。

この時、忘れてはいけないのが、私たちの周囲の皆さんのことです。

親、兄弟姉妹、友だち、職場の同僚、部下や上司、配偶者、子ども、ご近所などなど……あなたを取り巻く人々は、今、あなたをどのように見て、どう感じているのでしょうか。

たとえば、私たち「うっかりさん」は困難にぶつかったときにも、「とりあえず自分でやってみよう」（29ページ「才能2」）と、「チャレンジ精神」（33ページ「才能4」）で突き進んでいきます。

しかし、苦手なことを理解したり新たな技術を身につけたりするには、それなりの時間を要します。

「うっかりさん」の我流な取り組みでは、遠回り（一般に失敗や無駄と呼ばれる行動）をすることも多く、その過程で周囲の人からは、

「ちょっと心配」
「頼りにならない人」
「危なっかしい変わり者」
「使えない奴」

と思われてはいませんか。

ワークシェアリング

自分の苦手なことは得意な方に「おまかせ」したり、確認を「お願い」したりすることで、全ての仕事が効率よくスムーズに運ぶのは、よくあることです。

得意なことを取り合って仕事をシェアする（分け合う）ことをワークシェアリングといいます。

教員だった頃の苦い思い出なのですが、私は、コレが下手でした。

当時、中学三年生の担任だった私は、内申書（高校入試のために中学校から生徒の状況をお知らせする公式文書）を作成する際に、一枠目に「学校名のゴム印」を押すように言われ、三百六十数枚の書類にゴム印を押しまくったのですが、そのゴム印は「学校名」に続いて校長氏名も刻まれた「校長先生の肩書印」だったのです……。三百六十数枚の書類は、当然ながら全て書き損じです。

予定外の膨大な時間と労力を割くことになり、心身ともに疲弊したことを思い出します。

このように「ついうっかり」、できそうな気がして引き受けては、

◆注意力不足でケアレスミスを盛大にたたき出し
◆その処理に多大な時間を消費してオーバーワークになり
◆あたふた疲れ果ててしまう
◆結果、周囲の方々のお役に立つどころか多大な迷惑をかけてしまう

そうなる前に、

・自分の苦手を知り
・得意なことを選んで引き受け
・ひとりで全てを抱え込まず
・適宜、確認、相談を行い、協力を頼むこと

を強くおススメします。

だれしも、得意分野でしっかり成果を出したいですよね。

ところで、前述した私のしくじりのように、一般的には「まさか」と思うようなイージーミスを繰り返してしまうと、自分で自分が嫌になったり、落ち込んだりしがちです。

メタ認知

失敗ばかりで凹んでしまう、そんなときに意識してほしいのがメタ認知です。

メタ認知とは簡単に言うと、自分を知ること。自分のことを冷静に見て、客観的に自己分析していくことです。自分を空の上から眺めるような感覚です。俯瞰《ふかん》するとか言いますね。

では、実践。

やることは、シンプルです。

空飛ぶカモメのような視点で、自分自身を遠くから眺めてみましょう。

「できない」とか「間違えた」「失敗」「ダメだ」など、あらゆるジャッジを払いのけて、ありのままの自分が今やっていることにフォーカスし、遠い空からただ見下ろして深く呼吸してみましょう。

鳥も貝も木も草も生きるために生まれ、日々、生きています。

私たちも同じ。それが全てです。

人の目線や評価を気にせず、自分のありのままを認められましたか。

自分の意識を冷静に操縦してストレスなく機能させていくと、もう、凹むことなどありません。

自分は「うっかりという才能」をもった人間であるという自覚が生まれたとき、その才能を活かし、私たちが社会の中で活躍していくためには、まず、

自分自身の才能（特性）を知ること。

そして、

周囲の人たちにそれを伝え、理解してもらい、協力してもらうことが、何より大切なのです。

あなたのしあわせな日々のために

さて「うっかりという才能」を携えた私たちは、これからも思わぬ失敗や、うっかり忘れ、人間関係の煩わしさに見舞われることでしょう。

時には疲れ果て、ソファーに、

「はあ〜〜〜ぁぁぁ……」

と、吸い込まれなだれ込む日があるかもしれません。

そんなときは、どうぞ無理をせずに、ふわふわソファーやお布団に身をゆだねてください。

「習慣化してやるぞぉおお！」

と、ムキになって取り組み始めると、気力や意志力（70ページの「ウィルパワー」)が、あっという間に枯渇してしまいます。


だから、ここはもう張り切るのはナシにして、

「さてさて、楽しみをちょこっと増やしにいこうかな」

という感じでゆるりと新しい行動をお試ししてみるのが、しあわせのコツです。


まずは手始めに、朝、鏡に映る自分と向き合うとき、

「お、イイね、おはよう」

と笑顔でシャッキリ姿勢を正してみる、というのは、いかがですか。

Chapter 5　ポイント

①計画の一番に休養を入れる
②「からだの声」を聴き、自分の負荷を外して上質の睡眠を手にする
③呼吸を意識して、集中力をコントロールする
④靴を揃える習慣は、思いやり、気配り行動の源
⑤朝イチの発声（あいさつ）の効果を信じる
⑥笑顔には免疫力アップ効能がある
⑦姿勢を正すと7つのいいことがある
⑧「メタ認知」自分を俯瞰してみる習慣をもつ
⑨「まかせる」「頼む」ワークシェアリングで、得意なことを活かす
⑩楽しむことでしあわせになる行動が生まれる

おわりに

個性はパステルカラー

私は幼い頃、大好きなおもちゃやぬいぐるみが、ある日ふいにいなくなるので「なぜ、大事なものが、なくなるのだろう」と不思議でした。
だから、『おもちゃのチャチャチャ』という歌は現実世界の描写だと、小学校の3年生くらいまで信じていました。

♬
そらに　きらきら　おほしさま

みんな　すやすや　ねむるころ
おもちゃは　はこを　とびだして
おどる　おもちゃの　チャチャチャ

♪

あの歌詞のように自分が眠っている間に、おもちゃは自分でアチコチ出かけていくのだ、いい匂いの消しゴムとかお土産にもらったイルカの飾りがついたおしゃれな鉛筆とか、そんな大切な文房具に限ってどこかに行ってしまって、迷子になって戻れないものたちもいるのだ、と本当に思っていたのです。

そうでないと、なぜ、こうも度々大事なものがなくなるのか、説明がつかなかったからです。**とにかく失くし物、忘れ物は日常茶飯事の子どもでした。**

時を経て、私は特別支援学校の教員として、たくさんの子どもたちと関わるようになりました。また、児童発達支援士、コミュニケーションサポーターの資格も取得して、発達障害の実態を知り、その適切な対応について学びました。

私の知り得た知識と経験から推察すると、たぶん私は「**ADHD（注意欠如・多動症）」の傾向を少なからずもっている**のだと思われます。

ところで「障害」って何でしょう。

最近、大人の発達障害という言葉を聞くようになりました。更に「グレー（灰色）ゾーン」とか。たぶん、私の困り感は、これに当てはまると感じています。

ただ、「障害」が私の中にあると言われると、それは違う気がするのです。私の中にあるのは、生きにくさ、困り感、うまくいかないジレンマです。

「障害」のほとんどは、世の中にあります。

そこを通り抜けたいときに邪魔なモノのことを「障害」というのであれば、障害とは、個人の中にあるものではなくて、**社会の中にある乗り越えにくい壁**のことです。

だから私はこれまで、発達障害という言葉自体に違和感をもちつつも、便宜上その言葉を使って共通認識をしてきました（2023年1月現在、発達障害（神経発達症）は、知的障害、自閉スペクトラム症、ADHD（注意欠如、多動症）などを指す）。

本書で取り上げた「うっかりさん」は、顕著な多動が見られないため、診断はつかずに大人になった私のような人。俗にいう「グレーゾーン」です。

「あわてんぼう」「わすれんぼう」などと評価されながら、きっと周囲の人を驚かせ、怒らせ、呆れられたり非難されたりすることも、少なからずあった人たち。「うっかりさん本人」は、そのような周囲の反応に戸惑ったり落胆したりしてきたことでしょう。

現在、**大人の発達障害**と呼ばれている人の中には、家族や自分が、そうである、あるいは、その傾向があるということに気づかないまま社会に出て、

「なぜ自分だけうまくいかないのだろう」

と悩んでいる人も相当数いるのではないでしょうか。

十人十色というように私たちは、それぞれの特色（**特性**）をもっています。何色が正しいとか、何色が一番いいとか、グレーとかではなくて、微妙なグラデーションをもった**無数の色、特色をもった人**がいるだけのこと。神経の多様性（ニューロ・ダイバーシティ）なのです。

個性は、パステルカラーです。

善悪、優劣、上下などのラインはなくて、そこにあるのは、「**違い**」**だけ**。ただ、違うだけのこと。あなたは、あなただけの色をもっているのです。

あなたの悩みや不安をなくすには、まず、あなた自身が自分の色を知ること。つまり、自分の特性を理解することが、何より大切です。

自分の色を知り、あなたはあなたの色を活かして生きていきましょう。

また、それを**周りの人たちにも知ってもらい、活かしていく**ことが肝要です。

自分を知っているからこそ、自分の**足りないモノ**が分かり、**ヘルプ**を出せます。周囲と**コミュニケーション**をとることで、あなたは、生きやすくなります。

そうすることで、あなた**本来のパワー**が全開し、あなたの**持ち味**が周囲を巻き込んで、きっと明るい社会が広がります。

家族の愛から離れ、社会の中で生きづらさを感じたときにも凹まずに、あなたらしく生きてほしい。

この本が、あなたの**周りの人たちの理解を拓き、**手から手へと渡って、あなたの**魅力をめいっぱい活かすための力**になれたら嬉しいです。

2024年1月吉日　かわさき なお子

中学校、小学校、特別支援学校の3校種に亘り37年間、学校現場で2万人を超える「人」と関わる。学習や友だち関係の躓き、将来への不安などから非行に走ったり引きこもったりする子どもたちの現状に触れ、その都度、子どもや保護者との面談、地域関係機関との連携、相談を行ってきた。その件数は、のべ8千件にのぼる。中学校、小学校、特別支援学校の子どもたちと過ごしていく中で、障害の有無にかかわらず人には伝えきれない想いと様々なジレンマがあり各々、生きづらさを抱えながら生きていることを知る。

2021年12月ASD(言葉をもたない自閉スペクトラム症)の少女を主人公にした絵本『かたじけない「ありがとうの《ぶし》」のおはなし』(Clover出版)を出版。自らを「うっかりさん」と銘打って当事者目線から発達障害、グレーゾーンと呼ばれる人、その2次的障害(引きこもり、うつ)など、社会の中で生きづらさを感じている人を支援する絵本や、教育・子育てに関する書籍を執筆している。

福岡県北九州市で生まれ育つ。長崎大学教育学部卒業。三人娘の母。散歩、ひとり旅が好き。

Profile

かわさき なお子
（川﨑尚子）

うっかりさんの強い味方！

◀◀◀◀◀
かわさきなお子
公式LINEは
こちらから

QRコードからご登録いただくと
本書では語りきれなかった

『うっかりを才能に変える！
5つのステップで才能が
どんどん開花しはじめる手引き書』PDF

を無料プレゼント！

（本プレゼントは予告なく中止されることがあります。ご了承ください）

STAFF

装丁・デザイン　宮本紗綾佳
イラスト　佐藤右志
校正　伊能朋子
DTP　松本圭司(株)のほん
編集　小田実紀　坂本京子

生きにくさは才能だ!
うっかりさんのトリセツ

初版1刷発行　2024年1月25日

著　者　かわさき なお子
発行者　小川 泰史
発行所　株式会社Clover出版
〒101-0051
東京都千代田区神田神保町3丁目27番地8
三輪ビル5階
電話　03(6910)0605
FAX　03(6910)0606
https://cloverpub.jp
印刷所　日本ハイコム株式会社

ISBN978-4-86734-197-1　C0011